BEI GRIN MACHT SICH IHR
WISSEN BEZAHLT

- Wir veröffentlichen Ihre Hausarbeit,
  Bachelor- und Masterarbeit

- Ihr eigenes eBook und Buch -
  weltweit in allen wichtigen Shops

- Verdienen Sie an jedem Verkauf

Jetzt bei www.GRIN.com hochladen
und kostenlos publizieren

Das Internet der Dinge. Eine Recherche über die Anbindung und Steuerung von Dingen ans Internet

Bibliografische Information der Deutschen Nationalbibliothek:

Die Deutsche Nationalbibliothek verzeichnet diese Publikation in der Deutschen Nationalbibliografie; detaillierte bibliografische Daten sind im Internet über http://dnb.d-nb.de abrufbar.

ISBN: 9783346508744
Dieses Buch ist auch als E-Book erhältlich.

© GRIN Publishing GmbH
Nymphenburger Straße 86
80636 München

Druck und Bindung: Books on Demand GmbH, Norderstedt Germany
Gedruckt auf säurefreiem Papier aus verantwortungsvollen Quellen

Das Buch bei GRIN: https://www.grin.com/document/1137565

Das Internet der Dinge

Eine Recherche über die Anbindung und Steuerung von allmöglichen Dingen ans Internet

Seminar: Wie funktioniert das Internet?

Dozent:

Datum: 05.07.2021

Inhaltsverzeichnis

1. Eine Einführung in die Thematik

Das Internet ist im ständigen Wachstum. Es ist eine Bereicherung in vielerlei Hinsichten. Sie revolutionierte die Art und Weise wie wir arbeiten, kommunizieren, einkaufen und viele weitere alltägliche Herausforderungen. Sie ist eine unersetzbare Gewalt, die instinktiv immer vorhanden ist und nicht wegzudenken ist. Allein im Jahre 2019 gab es weltweit bis zu 3.97 Milliarden Nutzer des Internets.[1] Somit hatte jeder fast jeder zweite Mensch eine Tätigkeit im Internet gehabt. Das liegt teils auch daran, dass es mittlerweile immer simpler einen Zugang zum Internet gibt. Mithilfe von Tablets oder Smartphones ist die Anbindung zum Internet nicht nur lokal möglich, sondern auch mobil und unterwegs. Dies ermöglicht eine aktivere Anbindung zu vielen Tätigkeiten, wie das remote Arbeiten, das Navigieren im Auto oder aber auch die Kommunikation ohne einen festen Standort, und das sehr günstig, flexibel und schnell. Es brachte die Menschheit in ein neues Zeitalter[2] und revolutionierte nicht nur die Gesellschaft durch Vereinfachung von Alltagsherausforderungen, sondern beispielsweise auch den Arbeitsmarkt.

Das ideale Beispiel stellt die neuartige SARS-CoV-2-Pandemie dar. Um die globale Pandemie sicher zu überstehen, stellten viele Arbeitgeber auf ein System um, mit dem ihre Arbeitnehmer sicher von Zuhause aus arbeiten können und ohne Einschränkungen auf ihre notwendigen Ressourcen zugreifen können. Dies ermöglichten Sie mit vielerlei Systemen, wie einen sogenannten Virtual-Private-Network, kurz VPN, oder einer betrieblichen Standardsoftware wie SAP.[3] Notwendige Meetings oder Kommunikationen wurden durch Kameras und Mikrofone ersetzt und somit digitalisiert. All diese Systeme, Prozeduren und Programme würden ohne das Internet nicht funktionieren. Der mittlerweile einfache Zugang zu Informationstechnologien ermöglichte diese schnelle Umstellung und durch diese Vernetzung und aktives Handeln wurde in vielerlei Regionen und Ländern eine sowohl sichere als auch effiziente Atmosphäre geschaffen.

Die Pandemie zeigte, wie einfach die Vernetzung durch das Internet sein kann. Die Kommunikation unter der Gesellschaft erfolgt nach jahrelanger Erfahrung und Wissenschaft präzise und wird von Tag zu Tag größer. Doch das Internet ist nicht nur ein Ort, wo Menschen

---

[1] Vgl. Statista Research Department, Statista "Statistiken zur Internetnutzung weltweit", 2019 (Online, Stand: 25.06.2021)
[2] Vgl. Hougland, Benson, TEDxTemecula "What is the Internet of Things? And why should you care?", 2014 (Online, Stand: 25.06.2021)
[3] Vgl. Haufe Akademie "New Work: Warum ist die Zeit jetzt reif?" (Online, Stand: 25.06.2021)

unter Kommunikation und Austausch stehen. Durch modernste Technologie sind auch Objekte, Geräte oder Maschinen untereinander in Austausch und Kommunikation. Alltägliche Nutzprodukte wie ein Kühlschrank, ein Fernseher oder beispielsweise auch ein Auto haben Anbindungen zum Internet und sind somit darüber steuerbar.

Dies nennt sich das Internet der Dinge oder auch "Internet of Things".[4] Ein Ort, wo sich "Dinge" untereinander verständigen, um bestimmte Prozesse und Aufgaben zu erledigen oder auch zu optimieren. Diese Dinge sind beispielsweise Klimaanlagen, Heizungen, Glühbirnen, Türen oder Autos. Dazu können aber auch Maschinen oder Sensoren gehören.

Dementsprechend ist also nicht nur der Zugang zu internetfähigen Geräten gestiegen, sondern auch die Anzahl der Geräte, die überhaupt internetfähig sind mit gestiegen.[5] Anhand dieser Produkte können alltägliche Herausforderungen und Tätigkeiten automatisch, effizient und qualitativ geleistet werden. Sie werden nicht nur im Alltag genutzt, sondern auch in der Industrie oder anderen beruflichen Bereichen. Die selbstständige und automatische Kommunikation unter diesen Geräten dient zu einem größeren Zweck, wie die Bewältigung von Aufgaben, die zeitlich als auch umgebungstechnisch begrenzt sind. Beispiele hierfür sind die Steuerung von Maschinen oder aber auch der Abruf von Daten eines Systems über den ganzen Globus hinweg.[6] Die Möglichkeiten grenzen ans unendliche.

Somit wird in der folgenden wissenschaftlichen Ausarbeitung auf das Internet der Dinge eingegangen. Es wird auf die technischen Aspekte eingegangen und dargestellt, wie diese Technologie funktioniert und welche Ressourcen dafür verwendet werden. Außerdem wird erläutert, wo der Nutzungsbereich liegt und welchen Einfluss diese auf die Gesellschaft hat. Letzteres wird noch auf die Zukunftsaussichten eingegangen, wie diese Technologie in den nächsten Jahren noch entwickelt werden kann und welche Auswirkung diese haben könnte. All diese Thematiken werden mit Beispielen aus der Industrie als auch im privaten Alltag dargestellt, um somit die Erläuterung idealer darzustellen.

---

[4] Vgl. Hougland, Benson, TEDxTemecula "What is the Internet of Things? And why should you care?", 2014 (Online, Stand: 25.06.2021)
[5] Vgl. Statista Research Department, Statista "Prognose zur Anzahl vernetzter Geräte weltweit in den Jahren 2003 bis 2020", 2011 (Online, Stand: 25.06.2021)
[6] Vgl. Bremer, Anne "Diffusion Des Internet Der Dinge Auf Die Mittlere Beschäftigungsebene Der Industrie", 2017, S. 17-21

2. Technische Aspekte und Funktionalität der Systematik

Das Internet der Dinge klingt komplex, ist allerdings nur eine Verbindung von vielerlei Komponenten. Um zu gewährleisten, dass die Geräte untereinander kommunizieren können und sie bereit dazu sind Anweisungen zu erhalten müssen einige Voraussetzungen bestehen. Genau wie Menschen Information erhalten, erhalten die Dinge sie auch. Sie benötigen Wahrnehmungskomponenten.[7] Das Ohr eines Menschen könnte in diesem Zusammenhang ein Mikrofon eines Smartphones sein, das Auge vielleicht die Kamera oder Sensoren. Es muss offen für eingehende Daten und Informationen sein. In der Informatik wird dieser auch "Input" betitelt. Der Input ist ein Bestandteil eines Systems. Systeme sind Modelle, die eine bestimmte Prozedur beschreiben und ausführen. Diese Systeme arbeiten mit eingehenden Informationen, welche in diesem Modell bearbeitet werden und eine verarbeitete, neue Information ausgeben, welches dann auch als Output bezeichnet werden.[8] Jedes Gerät, Produkt oder "Dinge" kann als System dargestellt werden. Sie erwarten Informationen oder Daten, um einen bestimmten Prozess zu erfüllen und Informationen darüber zu teilen. Dies ist die Grundlage von Informationstechnologien und somit auch für das Internet der Dinge.

Um Informationen allerdings wahrzunehmen und diese zu erkennen sind wie beschrieben Sensoren oder ähnliches Wahrnehmungskomponenten notwendig. Im generellen können Internet-of-things-Geräte in zwei Rubriken unterteilt werden. Zum einen gibt es die "General Devices", welche typische Haushaltsprodukte, wie ein Fernseher oder eine Lampe sein kann. General Devices sind die Produkte, die eine bestimmte Funktion erfüllen. Sie sind die Systeme, die auf Informationen und Daten warten, um diese zu bearbeiten. Zum anderen gibt es die "Sensing Devices". Die Sensing Devices sind die Wahrnehmungskomponenten, wie beispielsweise ein Thermometer oder ein Sensor.[9] Mithilfe der Sensing Devices können die General Devices gesteuert werden, um die Tätigkeiten zu erfüllen. Ein Smartphone kann mithilfe eines mit dem Internet verbundenen Thermostats erkennen wie die Temperatur in einem Raum ist, um somit eine mit dem Internet verbundene Heizung oder Klimaanlage zu regulieren.

---

[7] Vgl. Hougland, Benson, TEDxTemecula "What is the Internet of Things? And why should you care?", 2014 (Online, Stand: 25.06.2021)
[8] Vgl. Prof. Dr. Monjau, Dieter, TU Chemnitz-Zwickau "Was ist ein System?" 1996 (Online, Stand: 25.06.2021)
[9] Vgl. Simplilearn "IoT - Internet of Things | What is IoT?" 2020 (Online, Stand: 25.06.2021)

Damit solch eine Anbindung geschieht ist eine Verbindungsmöglichkeit notwendig. Viele Informationstechnologien besitzen heutzutage vielerlei Verbindungsarten, wie Bluetooth, Infrarot, Wi-Fi oder das Mobile Netz.

Geräte, die eine Bluetooth-Verbindung nutzen, um Informationen zu teilen sind in der Regel mit Geräten in Kommunikation, welche schon mit dem Internet verbunden sind. Somit ist keine aktive Verbindung notwendig und die Informationen werden lokal ausgetauscht und die Internetverbindung von anderen Geräten werden genutzt. Bluetooth ist eine Verbindungsart, welche sich lokal in unmittelbarer Nähe mit anderen bluetooth-fähigen Geräten verbinden kann, um Daten und Informationen auszutauschen. Eine weitere lokale Verbindungsmöglichkeit wäre Radio Frequency Identification, kurz RFID, oder auch Near Field Communication, kurz NFC. RFID gibt die Möglichkeit lokale Signale zu empfangen, um Informationen zu erhalten. Sie können sichtfrei Informationen in einem Radius von zu bis 200 Metern erhalten.[10] Sie werden beispielsweise in der Logistik genutzt, um Objekte schnell und effizient zu identifizieren. Das RFID-System besteht aus einem Lesegerät und einem RFID-Transponder, sprich ein Schild oder ein Etikett, welches gelesen wird. Diese werden in passive als auch in aktive RFID-Transponder unterteilt, welche ihre Betriebsenergie beschreibt. Die aktiven RFID-Transponder nutzen ihre eigene Betriebsenergie, während passive die Energie vom Lesegerät erhalten. Somit können in Lagerhallen mit aktiven RFID-Transpondern Ware identifiziert und lokalisiert werden, während mit passiven RFID-Transpondern die Ware über den Versandprozess hinweg verfolgt werden kann. All diese Informationen können dann an weitere Geräte übermittelt werden, welche dann von Nutzern aufgerufen werden können. Mittlerweile sind in einigen Bereichen RFID schon geschäftlich im Einsatz. Einige Supermärkte haben Konzepte, wie sie mithilfe der RFID-Technologie das altbekannte Supermarkterlebnis revolutionieren wollen. Durch vorgezeichnete Etikette an Produkten sollen die Kassen so wie sie bekannt sind ersetzt werden. Dabei werden durch Transponder die Produkte erkannt und in den Warenkorb hinzugefügt. Schließlich werden diese an das Smartphone weitergeleitet, worüber der Einkauf letztendlich bezahlt wird.[11]

Near Field Communication hingegen funktioniert im Vergleich zu RFID etwas anders. NFC funktioniert auf sehr kurzer Distanz und ist auch für die Datenübertragung tätig. Sie besteht

---

[10] Vgl. Schiessle, Edmund, Mundt, Elisa, Industry of Things "Was sind RFID Systeme? Definition, Aufbau und Anwendung" 2020 (Online, Stand: 25.06.2021)

[11] Vgl. Tillman, Maggie, Pocket-Lint "Amazon Go und Amazon Fresh: Wie die Technologie "Just walk out" funktioniert" 2021 (Online, Stand: 26.06.2021)

auch wie RFID von einem NFC-Tag, sprich ein Etikett, und einem Lesegerät. Mittlerweile sind viele Smartphones mit einem NFC-Leser ausgestattet. Durch NFC ist es möglich, Produkte, die beispielsweise nicht elektronisch sind, auch zu digitalisieren. Mithilfe dieser NFC-Tags können beispielsweise Lebensmittel in Supermärkten gekennzeichnet werden, um mehr über diese zu erfahren, oder im Modegeschäft, um weitere Größen oder Farbvarianten zu erfahren.[12] Diese Tags werden lediglich von Smartphones gescannt und schon ist jede Information direkt auf dem Bildschirm und kann so genutzt werden. NFC als auch RFID sind heute kostengünstiger und der Effekt dahinter steigert die Effizienz für viele Unternehmen.[13]

Durch diese Technologien können vielerlei "Dinge" dazu gebracht werden, sich selbst mit dem Internet zu verbinden oder mit Geräten in Kommunikation zu treten, die mit dem Internet verbunden sind. Ein Fundament muss also aufgebaut werden damit dies auch funktioniert. Mit dem ständigen Wachstum der Informationstechnologien wächst dementsprechend auch der Nutzungsbereich und Anwendungsbereich des Internets. Die Kommunikation von Geräten untereinander erfordert eine Sprache, die von allen verstanden wird. Wenn die Geräte keine Komponenten besitzen, die von den Lesegeräten nicht erkannt werden, entsteht auch keine Kommunikation. Technologien wie Wi-Fi oder Bluetooth sind ideale Möglichkeiten, um eine Vielzahl an Dingen anzusprechen und sich untereinander zu verständigen. RFID oder NFC sind dann wiederrum Komponenten, nicht-elektronische Produkte oder Dinge eine digitale Identifikation zu geben, um die Kommunikation mit Informationstechnologien zu ermöglichen. Sowohl im privaten Bereich als auch geschäftlich wird versucht, auch die kleinsten Dinge zu digitalisieren, um so sowohl den Alltag zu erleichtern als auch die Geschäftsprozesse zu optimieren. Die Anschaffung kann allerdings kostspielig werden und erfordert viel Arbeit. Ohne einen konkreten Plan kann es zu Abweichungen der Kalkulationen führen und Unternehmen könnten einen höheren Preis zahlen, statt den geplanten Erfolg.[14] Dadurch ist es wichtig herauszufinden, wo der Nutzungsbereich liegt, was diese Technologie erbringen soll und wie diese eine Effizienz für den Alltag als auch für jeweilige Geschäftsprozesse gewährleisten kann.

---

[12] Vgl. Hegde, Apoorva, beaconstac "How to Use NFC for In-Store Customer Engagement" 2020 (Online, Stand: 26.06.2021)
[13] Vgl. Bach, Christian, t3n "RFID im E-Commerce: Wie Zara die Technik für mehr Effizienz und Kundenzufriedenheit nutzt" 2016 (Online, Stand: 26.06.2021)
[14] Vgl. Rock, Craig, Forbes "When IoT Is Valuable and When It's Not" 2019 (Online, Stand: 26.06.2021)

3. Einsatzgebiete und Stellenwert in der Gesellschaft

3.1 Das Internet der Dinge im alltäglichen Gebrauch

In der heutigen Zeit erkennt man überall elektronische Geräte. Sei es an der Kasse beim Supermarkt, Werbetafeln an einer Bushaltestelle oder ein Geldautomat in einer Bank. Sie alle werden gesteuert und kommunizieren mit den Dingen um sich herum. Sie teilen Informationen miteinander und geben diese Informationen an Gerätschaften weiter, die diese Daten dann sammeln und Dritte zur verfügung stellen. So gut wie jedes elektronische Gerät in unmittelbarer Nähe ist vernetzt mit anderen Geräten. Ob es das Steuern einer Glühbirne ist, oder das remote Überwachen einer industriellen Maschine vom anderen Ende der Welt. Durch diese Art von Vernetzung steigt die Effizienz in jeglichen Bereichen. Somit gewinnt sie einen hohen Stellenwert in der Gesellschaft und wächst von Tag zu Tag immer mehr.[15]

Mittlerweile findet man das Internet der Dinge auch im eigenen Haushalt. Von normalen Alltagsprodukten bis hin zu Geräten, die einem das Leben vereinfachen können. Digitale Waagen beispielsweise haben nicht nur die Möglichkeit das Körpergewicht auf einem Smartphone anzuzeigen, sondern Prognosen zu machen, Wassergehalt auszurechnen und zu dem jeweiligen Körpertyp auch einen Plan zu generieren, um ein bestimmtes Körpergewicht zu erreichen.[16] Ein anderes Beispiel wäre eine smarte Türklingel. Diese kann mit eingebauter Kamera und Mikrofon erkennen wer vor der Tür steht, mithilfe von vorher eingetragenen Daten diese Person identifizieren und einem Endgerät wie ein Smartphone die Information übermitteln, wer vor der Tür steht.[17]

Diese und weitere Beispiele werden nach Michael E. Porter und James E. Heppelmann in vier Kategorien eingeteilt: Monitoring, Controlling, Optimization und Autonomy.[18] Diese vier Kategorien beschreiben das Verhalten der Smarten Produkte und bauen aufeinander auf. Geräte, die in die Kategorie Monitoring eingestuft werden, überwachen und sammeln Daten von ihren Sensoren oder externen Daten, wie eine Waage. Diese dient nur dazu Information anzuzeigen und auszugeben. Die Kategorie Controlling steuert dann mit Hilfe der vorher

---

[15] Vgl. O'Dea, S., Statista "Number of IoT devices in use worldwide from 2009 to 2020" 2020 (Online, Stand: 26.06.2021)
[16] Vgl. Meinhardt, Stefan, Wortmann, Felix "IoT – Best Practices", 2017, S. 233
[17] Vgl. ebd.
[18] Vgl. Porter, Michael E., Heppelmann, James E., Harvard Business Review "How Smart, Connected Products Are Transforming Competition" 2014 (Online, Stand: 26.06.2021)

gesammelten Daten Prozesse und führt bestimmte Aktionen aus, wie beispielsweise das Ausrechnen des Fettanteils anhand des Körpergewichts. Mithilfe des Monitorings und Controlling gibt es Produkte, die in die Kategorie Optimization fallen. Diese können mit den vorher gesammelten und ausgeführten Daten und Prozessen das Benutzererlebnis optimieren und bestimmte Produkte personalisieren. In der Industrie können dann Windkraftanlagen anhand der gesammelten Informationen ihre eigene Leistung optimieren und den Wetterbedingungen entsprechend sich anpassen. Alle genannten Kategorien kombiniert entsteht die letzte Kategorie Autonomy. Diese kann anhand der gesammelten Information und Optimierung selbstständige operieren und kommunizieren. Ein Saugroboter beispielsweise hat die Möglichkeit eigenständig zu saugen und definiert selbst die Routen. Der Endnutzer ist nur für die Überwachung zuständig und die eventuelle Wartung des Gerätes. Ansonsten ist die Tätigkeit des Produktes autonom.[19]

Der Mehrwert von Smarten Geräten ist somit groß. Allein im Jahr 2020 waren weltweit circa 20 Milliarden IoT-Geräte in Benutzung.[20] Der ständige Anstieg dieser Technologie zeigt die Nachfrage und eine noch größere Integration in die Gesellschaft in den kommenden Jahren.

3.2 Die Auswirkungen der rasant wachsenden Technologie

In den letzten Jahren ist der Gebrauch von IoT-Geräten exponentiell gewachsen. Die Nachfrage ist sehr hoch und es besteht eine große Vielfalt im Einsatzgebiet. Im Jahre 2020 wurden weltweit 115 Milliarden US-Dollar für Smart-Home Systeme gezahlt. Einer Tendenz zufolge soll dies bis 2023 auf 1.1 Billionen US-Dollar steigen.[21]

Die Auswirkungen vom Internet der Dinge haben sowohl wirtschaftliche als auch gesellschaftliche Effizienzsteigerungen. Aus unternehmerischer Sicht kommt es sowohl zu Kostenreduktionen als auch produktivere Prozessabwicklung wie in der Warenlogistik durch den Einsatz von RFID oder ein automatisierter Versandprozess. Dienstleistungen können durch optimierte Systeme die Anforderungen von Kunden individualisieren und somit die Kundenbindung verbessern. Das Ganze nennt sich auch Industrie 4.0, welche eine digitalisierte Industrie beschreibt.[22] Auch in der Gesellschaft kommt es zur Steigerung der Qualität im Alltag.

---

[19] Vgl. ebd.
[20] Vgl. O'Dea, S., Statista "Number of IoT devices in use worldwide from 2009 to 2020" 2020 (Online, Stand: 26.06.2021)
[21] Vgl. Vailshery, Lionel Sujay, Statista "Internet of Things (IoT) - statistics & facts" 2021 (Online, Stand: 26.06.2021)
[22] Vgl. Marr, Bernard, Forbes "What is Industry 4.0? Here's A Super Easy Explanation For Anyone" 2018 (Online, Stand: 26.06.2021)

Durch Informationstechnologien können beispielsweise Hilfsbedürftige Personen eine Erleichterung und somit eine Verbesserung ihrer Lebensqualität erhalten. Eine populäre Applikation wäre "Be my Eyes".[23] Der gleichnamige Entwickler schafft es eines der beliebtesten IoT-Geräte, das Smartphone, als ein Auge für sehbehinderte Personen zur verfügung zu stellen. Anhand dieser Möglichkeit können die sehbehinderten Personen, Menschen mit einer Sehkraft per Videoanruf kontaktieren und um Assistenz bitten. Durch diese rasant wachsende Technologie wird das Leben also unterhaltsamer, einfacher, schneller, sicherer und unabhängiger. Allerdings kann es auch hier zu Problematiken führen und eventuelle negative Auswirkungen haben. Als Problematik gelten die Sorgen, die eine Einschränkung oder beispielsweise eine Fehlfunktion darstellen. Eines der größten Sorgen des Internet der Dinge ist der Sicherheitsaspekt. Es ist wichtig, dass die Geräte eine vertrauliche Kommunikation gewährleisten und diese Vertrauenswürdigkeit auch hoch ist. Die Kommunikation untereinander sollte kontrolliert sein und nicht-authentifizierte Geräte oder Systeme sollten keinen Zugang haben.[24] Sinn und Zweck dieser Abschottung ist beispielsweise die Sicherheit der Privatsphäre der Nutzer zu gewährleisten. Durch einen Fremdzugang könnte somit das Türschloss, welches in Kommunikation mit dem Internet ist, von Fremden geöffnet werden und somit ein ungewollter Besucher im Hause eintreffen. Andererseits könnten durch so einen Eingriff Geschäftsprozesse oder geschäftsinterne Prozesse der Konkurrenz einen Einblick gewähren. Eine weitere Problematik ist die Fehlertoleranz.[25] Da Geräte und Dinge sich viel schneller entwickeln, kann der Nutzungs- und Funktionsbereich sich ändern. Somit müssen die Geräte anpassbar sein oder sich sogar selbst anpassen können.[26] Durch Fehler können Sicherheitslücken entstehen, was das Internet der Dinge anfällig für Fremdzugriff macht als auch Fehlfunktionen, was die Geräte nicht nutzbar macht.

Mit der Betrachtung, dass das Internet der Dinge eine große Nachfrage hat und in vielen Bereichen schon aktiv eingesetzt und genutzt wird, ist es wichtig, vor den Augen zu halten, dass dieses System einen Sicherheitsstandard einhalten muss, kostengünstig bleibt und eine Effizienz erschafft. Mit diesen Voraussetzungen steigt die Tendenz und die Nachfrage des Internet der Dinge, wodurch die Funktionen und Möglichkeiten sich ständig entwickeln und ausbauen.

---

[23] Vgl. Be My Eyes "Was Be My Eyes ausmacht" (Online, Stand: 26.06.2021)
[24] Vgl. Mattern, Friedemann, Flörkemeier, Christian "Vom Internet der Computer zum Internet der Dinge", 2010, S. 112-113
[25] Vgl. ebd.
[26] Vgl. ebd.

4. Fazit – Ein Einblick in die Zukunft

Das Internet der Dinge ist eine exponentiell wachsende Plattform und die Möglichkeiten grenzen ans unendliche. Da die Nachfrage so hoch ist, ist eine rasante Entwicklung nicht auszuschließen. Angefangen mit dem Steuern von Glühbirnen oder das Überwachen von fernab liegenden Maschinen, kann es in Zukunft zu weitaus größeren Tätigkeiten kommen. In den kommenden Jahren könnte es dazu führen, dass beispielsweise auch in der Dienstleistungsbranche, wie bei einer Bank das Internet der Dinge in den Einsatz kommt. Somit wäre es dann für die Kunden möglich, per Sprachsteuerung ein Konto zu eröffnen oder Assistenz zu erhalten.[27] Eine solche Anbindung könnte zu einer globaleren Nutzung von Sensordaten und Informationen führen, die an ein größeres System angebunden werden könnte. Durch aktuelle Technologie und den Ausbau von Kommunikationsmittel wie 5G oder die Cloud können nicht nur die Haushalte oder Unternehmen digitaler werden, sondern komplette Städte. Smart Citys ermöglichen eine digitale Infrastruktur und automatisiert vielerlei Prozesse.

"Zu freien Plätzen lotst Sie das Auto – die Stellflächen sind ebenfalls vernetzt und melden sich, wenn sie frei sind."[28]

Autos die autonom fahren, eigenständige Stadtreinigung oder aber auch Supermärkte, wo keine Mitarbeiter notwendig sind. Die Transformation zu digitalisierten Städten finden auch schon statt. In Deutschland wird zurzeit nicht nur die notwendige Technologie, die dafür benötigt wird, wie beispielsweise 5G, schon ausgebaut, sondern die sogenannten Smart Citys schon aktiv entwickelt. Zurzeit werden in den Kommunen Darmstadt, Kassel und Eichenzell durch staatliche Finanzierung und Unterstützung die Smart-City-Modelle erprobt. Ziel ist es, diese Orte klimaschonender, effizienter und lebenswerter zu machen.[29] Durch die Nutzung von Kameras, Sensoren, Daten und Informationen, die zur Automatisierung führen und einer schnellen Verbindungsmöglichkeit wie 5G können diese Berichte schon so bald wahr werden. Diese Technologien allerdings können auch anders verwendet werden, was zu eventuellen Einschränkungen und Problematik führen kann.

---

[27] Vgl. Dr. Pehle, Daniel, Der Bank Blog "Wie das IoT die Entstehung neuer Finanzprodukte ermöglicht" 2021 (Online, Stand: 26.06.2021)
[28] Infineon "Das Internet der Dinge im Jahr 2030" (Online, Stand: 26.06.2021)
[29] Vgl. Hessenschau "Drei Kommunen als "Smart City"", 2021 (Online, Stand: 26.06.2021)

Seit 2014 ist in der Volksrepublik China das sogenannte "Social-Credit-System" in den Vorbereitungen.[30] Das Social-Credit-System ermöglicht das Überwachung und Kontrollieren von Privatpersonen, Unternehmen, Verbände oder Staatspersonen, welche je nach Verhalten bewertet werden. Aufgebaut ist das Ganze auf einer gut ausgebauten IT-Infrastruktur. Ziel des Social-Credit-Systems ist es einen erzieherischen Effekt zu erzielen, um das Einhalten von Regularitäten und Gesetzen zu ermöglichen, wie beispielsweise das Kontrollieren von Korruption oder die Erhöhung der Sicherheit. Mithilfe beispielsweise von gesichtserkennenden Kameras können Fehlverhalten identifiziert werden, um somit den jeweilige Täterinnen und Tätern eine schlechte Bewertung abzugeben, wodurch sie soziale Defizite in der Gesellschaft erlangen können, wie beispielsweise ein schlechter Zugang zu Krediten.[31] Somit wird die gut ausgebaute IT-Infrastruktur und die Kommunikation mehrere Geräte untereinander auch für Überwachung und Kontrolle genutzt, die eine eventuelle Einschränkung gewährleisten können.

Alles in Allem bezweckt das Internet der Dinge eine Effizienzsteigerung sowohl im privaten als auch im geschäftlichen Bereich. Durch Anbindungen von Geräten und das autonome Kommunizieren dieser führt zu einer Steigerung der Lebensqualität und ist eine große Unterstützung im Alltag. Mit einer Kontrolle der Sicherheitsaspekte und der ständigen Entwicklung und Wartung dieser Technologie, besteht die Möglichkeit eine vielversprechende Zukunft aufzubauen, welche die bekannte Infrastruktur ändert und mit einer effizienteren, klimaneutralen und hochmodernen Infrastruktur ersetzen könnte. Die Möglichkeiten grenzen ans Unendliche.

---

[30] Vgl. IONOS "Social-Credit-System in China: Bewertungssystem mit weitreichenden Folgen" 2021 (Online, Stand: 27.06.2021)
[31] Vgl. ebd.

I. Literaturverzeichnis

Bach, Christian: "RFID im E-Commerce: Wie Zara die Technik für mehr Effizienz und Kundenzufriedenheit nutzt", t3n 2016, zuletzt aufgerufen: 26.06.2021 – Online erreichbar: https://t3n.de/news/rfid-e-commerce-zara-technik-684097/

Be My Eyes: "Was Be My Eyes ausmacht", zuletzt aufgerufen: 26.06.2021 – Online erreichbar: https://www.bemyeyes.com/language/german

Bremer, Anne: "Diffusion Des Internet Der Dinge Auf Die Mittlere Beschäftigungsebene Der Industrie" 2017, Bielefeld: Bertelsmann Verlag, Seite 17 bis 21

Dr. Pehle, Daniel: ""Wie das IoT die Entstehung neuer Finanzprodukte ermöglicht", Der Bank Block 2021, zuletzt aufgerufen: 26.06.2021 – Online erreichbar: https://www.der-bank-blog.de/iot-neue-finanzprodukte/technologie/37677037/

Haufe Akademie: "New Work: Warum ist die Zeit jetzt reif?", zuletzt aufgerufen: 25.06.2021 – Online erreichbar: https://www.haufe-akademie.de/new-work

Hegde, Apoorva: "How to Use NFC for In-Store Customer Engagement", beaconstac 2020, zuletzt aufgerufen: 26.06.2021 – Online erreichbar: https://blog.beaconstac.com/2020/01/nfc-for-in-store-customer-engagement/#How-to-use-NFC-to-boost-in-store-customer-engagement-

Hougland, Benson: "What is the Internet of Things? And why should you care?", TEDxTemecula 2014, zuletzt aufgerufen: 25.06.2021 – Online erreichbar: https://www.youtube.com/watch?v=_AlcRoqS65E

Infineon: "Das Internet der Dinge im Jahr 2030", zuletzt aufgerufen: 26.06.2021 – Online erreichbar: https://www.infineon.com/cms/de/discoveries/internet-of-things-2030/

Hessenschau: "Drei Kommunen als "Smart City"", 2021, zuletzt aufgerufen: 27.06.2021 – Online erreichbar: https://www.hessenschau.de/politik/drei-kommunen-als-smart-city,kurz-smart-cities-100.html

IONOS: "Social-Credit-System in China: Bewertungssystem mit weitreichenden Folgen", 2021, zuletzt aufgerufen: 27.06.2021 – Online erreichbar: https://www.ionos.de/digitalguide/online-marketing/web-analyse/was-ist-das-social-credit-system/

Marr, Bernard: "What is Industry 4.0? Here's A Super Easy Explanation For Anyone", Forbes 2018, zuletzt aufgerufen: 26.06.2021 – Online erreichbar: https://www.forbes.com/sites/bernardmarr/2018/09/02/what-is-industry-4-0-heres-a-super-easy-explanation-for-anyone/?sh=58388e759788

Mattern, Friedemann, Flörkemeier, Christian: "Vom Internet der Computer zum Internet der Dinge" 2010, Zürich: Springer-Verlag, Seite 112 bis 113

Meinhardt, Stefan, Wortmann, Felix: "IoT – Best Practices" 2021, 1st ed., Wiesbaden: Springer Fachmedien, Seite 233

O'Dea, S.: ""Number of IoT devices in use worldwide from 2009 to 2020", Statista 2020, zuletzt aufgerufen: 26.06.2021 – Online erreichbar: https://www.statista.com/statistics/764026/number-of-iot-devices-in-use-worldwide/

Porter, Michael E., Heppelmann, James E.: "How Smart, Connected Products Are Transforming Competition", Harvard Business Review 2014, zuletzt aufgerufen: 26.06.2021 – Online erreichbar: https://hbr.org/2014/11/how-smart-connected-products-are-transforming-competition

Prof. Dr. Monjau, Dieter: "Was ist ein System?", TU-Chemnitz-Zwickau 1996, zuletzt aufgerufen: 25.06.2021 – Online erreichbar: https://www-user.tu-chemnitz.de/~knmat/V/Alt/Prof%20Monjau/monjau4.pdf

Rock, Craig: "When IoT Is Valuable And When It's Not", Forbes 2019, zuletzt aufgerufen: 26.06.2021 – Online erreichbar: https://www.forbes.com/sites/forbestechcouncil/2019/03/12/when-iot-is-valuable-and-when-its-not/?sh=1623ebaa62a1

Schiessle, Edmund, Mundt, Elisa: "Was sind RFID Systeme? Definition, Aufbau und Anwendung", Industry of Things 2020, zuletzt aufgerufen: 25.06.2021 – Online erreichbar: https://www.industry-of-things.de/was-sind-rfid-systeme-definition-aufbau-und-anwendung-a-687268/

Simplilearn: "IoT - Internet of Things | What is IoT?", Youtube 2020, zuletzt aufgerufen: 25.06.2021 – Online erreichbar: https://www.youtube.com/watch?v=6mBO2vqLv38

Statista Research Department: "Prognose zur Anzahl vernetzter Geräte weltweit in den Jahren 2003 bis 2020", Statista 2011, zuletzt aufgerufen: 25.06.2021 – Online erreichbar: https://de.statista.com/statistik/daten/studie/479023/umfrage/prognose-zur-anzahl-der-vernetzten-geraete-weltweit/

Statista Research Department: "Statistiken zur Internetnutzung weltweit", Statista 2019, zuletzt aufgerufen: 25.06.2021 – Online erreichbar: https://de.statista.com/themen/42/internet/

Tillman, Maggie: Amazon Go und Amazon Fresh: Wie die Technologie "Just walk out" funktioniert", Pocket-Lint 2021, zuletzt aufgerufen: 26.06.2021 – Online erreichbar: https://www.pocket-lint.com/de-de/gadgets/news/amazon/139650-was-ist-amazon-wo-ist-es-und-wie-funktioniert-es

Vailshery, Lionel Sujay: "Internet of Things (IoT) - statistics & facts", Statista 2021, zuletzt aufgerufen: 26.06.2021 – Online erreichbar: hhttps://www.statista.com/topics/2637/internet-of-things/